NOTRE-DAME
DE PARIS
Ô REINE DE DOULEUR

Sylvain Tesson

NOTRE-DAME DE PARIS
Ô REINE DE DOULEUR

ÉQUATEURS

ISBN 978-2-84990-679-8.

Dépôt légal : mai 2019.

170 *bis*, boulevard du Montparnasse, 75014 Paris.

contact@editionsdesequateurs.fr
www.editionsdesequateurs.fr

Note de l'éditeur

Ainsi donc le berceau de Paris a brûlé. Le feu d'émotion qui a embrasé le monde après l'incendie du 15 avril de l'an 2019 souligne certes le spectaculaire de notre société de l'image se propageant à la vitesse de la lumière, mais aussi l'universalité de l'événement. L'histoire immédiate a été ce jour-là un brasier dans lequel ont flambé la foi, le Moyen Âge, le gothique, les bâtisseurs, le temps des cathédrales, la culture catholique, le patrimoine, l'héritage, Victor Hugo, l'esprit de résistance.

Notre-Dame, nef de bois, de pierre, et *Notre-Dame de Paris*, roman de papier, se reflètent, se réfléchissent, se nourrissent comme la Seine fluide et horizontale au pied de la divine verticalité. Au moment où Paris s'équipe de la fibre optique afin que nous soyons tous « raccordés » et préparés à devenir une *smart city* de l'intelligence artificielle, un fauve de pierre âgé de 856 ans se rappelle à nous par ses larmes de feu.

La charpente, la *forêt*, a péri. Du bois on fait le papier. Le monde du papier, le grand livre ont été ravagés. Ce feu dévorant est aussi un jugement sur ce que nous faisons de nos vieilles pierres : nous les abandonnons comme les personnes âgées en ce siècle XXI. Misérables que nous sommes ! Voici ce que confie le libraire Andry Musnier au pelletier-fourreur Gilles Lecornu dans *Notre-Dame de Paris* : « Je vous le dis, monsieur, c'est la fin du monde. On n'a jamais vu pareils débordements de l'écolerie. Ce sont les maudites inventions du siècle qui perdent tout. Les artilleries, les serpentines, les bombardes, et surtout l'impression, cette autre peste d'Allemagne. Plus de manuscrits, plus de livres ! L'impression tue la librairie. C'est la fin du monde qui vient. »

Libre à chacun de voir dans cet incendie une image de l'Apocalypse ou un accident technique : après tout, il n'y a pas eu mort d'homme. Il est néanmoins du devoir du petit monde de l'édition qui est celui du témoignage, de la trace, de la mémoire, de réagir et participer humblement à la déclaration d'amour à Notre-Dame et d'apporter sa pierre à la restauration de l'édifice. C'est la raison d'être de cet ouvrage.

Sylvain Tesson, chevalier arthurien chevauchant les chimères, escaladant les façades, les tours, adorateur des gargouilles et des croix sommitales, est un fidèle des marches, des beffrois et du toit de la cathédrale. Après son accident qui le cabossa autant que le destin a abîmé Quasimodo, ce prince de l'enfance fracassée, Notre-Dame contribua à son salut. Elle lui permit de se relever, de se tenir droit, de recouvrer son souffle. Sylvain Tesson n'a pas attendu l'incendie médiatique pour se pencher au chevet de Notre-Dame. Ce chevet oriental que nous avons si souvent vu ensemble des berges de la Seine, dans « l'aurore aux doigts de rose ». La France a toujours offert une vulnérabilité sur son flanc Est. Aujourd'hui, après l'incendie, Notre-Dame ressemble à un sphinx dont tout le pelage aurait été scalpé. Dans la nuit du 15 avril, Sylvain Tesson a sculpté une couronne à Notre-Dame qui est sa longitude parisienne, sa « ligne de foi » selon l'expression de navigation maritime. Un écrivain prend la plume quand le feu a tout dévasté.

Le bureau parisien des Équateurs se trouve amarré au pied de la Cathédrale. Nous nous devions de répondre au tocsin, à l'unisson. Ce recueil réunit des textes de Sylvain Tesson déjà publiés dans *Petit traité sur l'immensité du monde* et *Une très légère oscillation*. L'ouverture, « Et voici l'océan de notre immense peine », est inédite. L'ultime récit, « Ô reine de Douleur », a été publié une première fois dans l'hebdomadaire *Le Point*. Que les mots de Sylvain Tesson soient des notes de musique aériennes pour nous relever des grandes orgues de l'effondrement.

Tout l'équipage des Équateurs remercie chaleureusement l'auteur, mais aussi le photographe Bernard Hermann (auteur de *Paris, km 00* aux Éditions Phébus), l'Imprimerie Floch, la diffusion-distribution UD-Flammarion et les libraires d'avoir accepté avec une infinie générosité de participer à ce livre contre l'effroi.

Les bénéfices de la vente de cet ouvrage seront reversés à la restauration de la cathédrale Notre-Dame et à celle du patrimoine.

Et voici l'océan de notre immense peine

Nous aurions préféré ne pas publier ce petit livre. L'idée de réunir ces textes est née le jour de la catastrophe française du début du XXIe siècle, devant Notre-Dame en feu, le 15 avril 2019.

Peut-être les ventes de l'ouvrage suffiront-elles à peine à financer la réfection de l'oreille d'une gargouille. Au moins aurons-nous participé humblement au grand élan du peuple, soudain réveillé par les flammes. Et aurons-nous consolé notre chagrin en distrayant notre esprit par le travail.

Le grand basculement. Une nouvelle expression est née dans l'histoire des hommes : « le 15 avril ».

Contrairement au 11 Septembre, nous ne savons pas l'origine exacte du drame. Dès lors, cette question : serions-nous tous responsables ?

Quand la flèche tomba, aux alentours de 20 heures, le lundi 15 avril 2019, nous fûmes quelques-uns à penser : cette flèche en feu était-elle la conséquence logique de notre arrogance ? Pourquoi les flèches demeureraient-elles dressées devant des hommes qui méprisent leur présence magique ? Et si la chute était un exil ? Et si nous méritions ce grand effondrement ? Que peut produire d'autre une époque qui a décidé de tout démonter ?

Les flèches, les tours, les entrelacs réticulés et les croix ouvragées sont sentinelles du mystère. Peut-être ont-ils raison de se retirer du carnaval du XXIe siècle. Peut-être sont-ils lassés par *le bruit et la laideur* ?

Après tout, une certaine pensée en Europe occidentale conchie passionnément les vertus mantiques de la Bonne Vierge. Les dynamiteurs du passé nient les racines spirituelles de l'Europe, méprisent la vielle foi, critiquent une certaine vision du monde et s'emploient à la disparition des vertus. Pourquoi dès lors pleureraient-ils sur l'effondrement d'un monument qui est précisément la châsse faite pierre de l'esprit qu'ils haïssent ? Certes, ils légitiment leurs larmes en déplorant un drame *patrimonial.* Mais Notre-Dame n'est pas un monument. C'est une église et l'incarnation calcaire du Verbe.

Voilà ce que nous nous disions devant l'image des flammes montant « depuis le ras du sol jusqu'au pied de la croix » (Péguy).

Mais la cathédrale ne s'écroula pas. Le monde entier se mit à pleurer devant les décombres, des jeunes gens vinrent chanter sur le parvis, d'autres se souvinrent que la vocation de l'homme n'était pas de courir les allées des supermarchés. Des Français se mirent à genoux dans la rue ! Spectacle oublié. Chagrin immense et partout partagé. Il naquit des tristesses en des cœurs qui se pensaient solides. Nous avions compris n'être pas dignes des flèches, il fallait se montrer à la hauteur du malheur. C'était notre dernière chance.

Près de trois siècles d'imprécation laïque n'ont donc pas tout asséché. La chape recouvre le mystère. Elle est épaisse, consolidée par le matérialisme commercial et le fétichisme technoïde. Mais la source coule encore.

La signalétique des flèches. Fallait-il prendre le drame du lundi pour un signe ? un avertissement ? « Certainement pas ! » se récrient les esprits forts. Ces Trissotins sont modernes. Ils ne veulent pas croire à pareilles sorcelleries ! Ils prennent Notre-Dame pour un musée. Ils veulent par conséquent le rouvrir très vite. Les autocars de la diversité touristique stationnent à Saint-Michel et attendent de longer Saint-Séverin pour photographier

Notre-Dame, il ne faudrait pas trop faire attendre les *tour-operators.* Déjà, sous les lambris administratifs, les commis de l'État songent à une réponse contemporaine adressée à notre immense peine. Il faudrait leur rappeler que l'incendie du 15 avril était déjà, en lui-même, un geste contemporain.

Ce ne sont pas des gens très modestes. Les Compagnons les auraient écoutés avec stupeur.

Nous autres qui ne croyons pas en Dieu (mais vénérons son idée et certaines de ses représentations grecques, latines, juives et chrétiennes), nous cherchons à tout prix un signe dans la flèche dévorée. Peu importe que le signe tombe du ciel ou bien naisse de nos esprits. En signalétique, une « flèche » indique une direction. Si on ne peut pas affubler les événements d'une valeur symbolique, c'est à désespérer de la poésie ! « Que serions-nous sans le secours de ce qui n'existe pas », disait Paul Valéry.

Il est temps de nous réformer. La flèche est tombée, la cathédrale vacille mais reste debout. Nous avons l'opportunité de nous calmer un peu, de lever les yeux de nos écrans, de regarder à nouveau le ciel, de protéger les herbes et les bêtes, de faire silence en nos propres nefs, de nous souvenir que le monde n'a pas commencé hier et de songer à la concorde civile.

C'est cela, un signe.

Non un message à déchiffrer, mais une occasion à saisir.

Ne soyons pas naïfs. Les cendres à peine retombées, des voix méchantes s'élèvent. Les hyènes sont coriaces et fort peu émotives. Elles se conspuent déjà. On entend ceci : « Salauds de riches qui s'émeuvent pour les ruines et pas pour nos défaites personnelles. » Que nous faudra-t-il de plus pour cesser de nous déchirer et pour arracher un mot de douceur aux indignés permanents ? La ruine totale ?

Voilà dans quel état d'esprit nous avons décidé de publier ces lignes.

Il y a dans ce livre trois textes sur la cathédrale, publiés en 2005, en 2017 et en 2019.

Le premier raconte mes escalades sur les monuments gothiques en compagnie d'amis fantasques. Nous aimions alors les explications gnostiques et goûtions les mystères alchimiques. Nous lisions Fulcanelli et les traités de mathématique gothique. Je crois que nous passions à côté d'une certaine grâce des choses. Nous étions trop imperméables au mystère. En mon cœur, aucun feu ne brûlait.

Le deuxième texte raconte comment la cathédrale m'a sauvé. Après une chute très grave, j'étais allé me ressourcer dans la beauté de Notre-Dame, gravissant les escaliers des tours pour commencer ma rééducation. Notre-Dame m'avait relevé, moi qui m'amusais jadis sur ses gargouilles.

Le troisième a été écrit dans la nuit du bûcher. C'est une déclaration d'amour à la Blanche Dame. Et c'est l'aveu de ma conversion. Non pas que je fusse visité par la grâce de la foi depuis l'incendie. Mais je crois plus que jamais (et j'y crois davantage qu'hier où le brasier ne s'était pas allumé) en la chance de la France d'être une fille chrétienne. Je n'irai plus gaudrioler sur le toit des églises. À présent, les mécréants de mon type doivent pousser leurs portes, s'avancer sous les voûtes et se dire ceci : même si le ciel est vide, il est heureux que des Hommes aient inventé cette religion, plus lumineuse que les autres.

Notre-Dame n'est pas rancunière et ne *discrimine* pas, car elle n'est pas laïque. Puisse le sourire de la Bonne Vierge continuer à veiller sur les hommes qui croient en elle et sur ceux qui n'y croient pas.

S'il venait à s'effacer, qu'aurions-nous à offrir en remplacement ?

Des grimaces de ouistitis sur le parvis.

Or, le contentement de soi ne fait pas une civilisation.

1990-2000

Sur les vaisseaux de pierre

Comment le voyageur habiterait-il entre les murs d'une ville ? Pourrait-il en supporter les effluves, lui qui aime le parfum des humus ? Est-il seulement capable de survivre sous la cloche de verre des cités de pierre ? La phalène du bouleau y est bien parvenue. Ce papillon fascina Darwin. Protégé des agresseurs par sa couleur d'écorce claire, il a muté au XIXe, pendant les décennies industrielles, et s'est noirci lorsque les fumées d'usines ont commencé à déposer leur suie sur les arbres. Le poète doit s'inspirer de la phalène. Il endossera les habits du citadin, se confondra au peuple des rues mais n'abandonnera jamais ses ailes qui lui permettent de s'échapper de la ville, d'y vivre sans y être. Je connais des promeneurs perpétuels, des phalènes humaines, qui habitent au cœur de Paris, l'âme ailleurs. Ils se maintiennent intra-muros en état de poésie, comme s'ils n'avaient jamais quitté la route. Ils savent le calcaire des pierres de Paris composé de fossiles déposés au Tertiaire et la ville construite sur un lit de coquillages. Ces pensées leur viennent quand ils arpentent les boulevards.

Un petit nombre d'entre eux a trouvé des chemins de traverse dans la ville – des failles dans la citadelle – où se glisser savamment. Ces chemins mènent au cœur de *jardins féeriques.* C'est ainsi que Rebuffat appelait les flèches granitiques du massif du Mont-Blanc et c'est ce nom que nous donnons à d'autres massifs de pierre, à d'autres forêts de flèches : aux cathédrales gothiques des grandes capitales européennes. Les citadins à qui la modernité apprend à marcher en regardant le sol ne soupçonnent parfois même pas l'existence de ces royaumes. Mais le *wanderer* conserve toujours la tête en l'air au cas où une étoile filante viendrait à passer et il a repéré l'existence des cathédrales. Il sait que ces monstres endormis au cœur des cités, gisants presque oubliés, sont des jungles obscures, mal à leur place, des îles de pierre à explorer, tenant bon au milieu de la houle, battues par la vie hâtive des citadins indifférents.

La nuit venue, quelques héritiers de l'alchimiste Fulcanelli escaladent à mains nues ces jardins de pierre. Ils préfèrent les forêts ogivales des cathédrales aux esplanades percées par les préfets, en place des parvis, pour manœuvrer la troupe. Fulcanelli ne parvenait pas à croire que les cathédrales n'eussent été bâties que pour servir de temple au Dieu chrétien. Il leur accorderait une autre destination, les décrivait comme des athanors géants, hérissés d'antennes (les pilastres), destinés à la transmutation de l'homme. De fait, dans la haute nef gothique enfin inondée de lumière qui ne rentrait qu'à peine sous le lourd arc roman, le fidèle écrasé jusqu'alors par son destin se lève de toute sa taille et s'avance vers le chœur en homme enfin debout. Dans le creuset des cathédrales, lorsque la lune rousse se lève derrière la crénelure d'une frise, le plomb ne se change peut-être pas en or mais la raison capitule bien devant la poésie, ce qui prouve que Fulcanelli avait raison : il y a acte magique. Quiconque aura passé une nuit dans les coursives d'un vaisseau gothique se trouvera *métamorphosé*.

Il y a plus de trente ans, j'étais moi-même un escaladeur de cathédrales. Je rejoignais parfois les membres d'un cercle d'acrobates qui me surnommaient ironiquement *le prince des chats*. À terre, je me trouvais maladroit et indiscipliné. Sur les corniches, je devenais précis et soucieux de ne pas rompre le bel équilibre. Nous avions sur notre carnet de courses interdites des centaines de monuments français et européens. Nous grimpions chaque fois que nous prenait l'envie de nous évader de la ville. La stégophilie[1] (l'amour des toitures) était notre passion, les clochers nos sommets d'élection.

Péguy nommait les cathédrales des *vaisseaux de charge*. Nous étions les gabiers de ces navires. Nous emportions d'ailleurs ses vers (*Œuvres poétiques*, Pléiade) pour les réciter, au sommet des tours. Péguy a écrit des ouvrages d'alpinisme gothique, des odes au vertige. On le prend communément pour un chantre des horizons immenses et des plaines à blé sous le prétexte qu'il a sillonné la Beauce (ce plateau *plus ras que la plus rase table*).

1. Ce néologisme a été inventé par l'écrivain-alpiniste Sylvain Jouty.

Il était en réalité plus obsédé par la verticalité que le plus acharné des montagnards. Nous lisions Péguy, juchés sur la matière même de son inspiration, en suspension sur le décor de son œuvre. Sans doute l'aimions-nous pour des raisons qu'il n'eût pas appréciées : pour la scansion des vers cent fois répétés et non pour la vieille foi, pour les bâtisses de pierre et non pour ce qu'il y a dedans. Pour les carcasses et non pour la chair.

On commence à pérégriner sur la face des églises parce qu'il n'y a pas de montagnes dans la région parisienne. L'amateur d'alpinisme reclus sur les bords de la Seine peut choisir deux comportements : déplorer que les âges aient déposé au Secondaire sur la table calcaire du Bassin parisien un limon sans relief (« à peine un creux du sol, à peine un léger pli », Péguy, encore) ou bien décider que les flèches gothiques qui piquettent l'Île-de-France deviendront ses propres Alpes. Pour notre petit groupe, l'exercice de l'ascension devint assez vite un jeu qui se mua en rituel : nous allions sur les églises avec la même solennité qu'on affiche lorsqu'on y pénètre : nous pratiquions.

Si nous grimpions toujours en silence, au milieu de la nuit et vêtus d'habits sombres, ce n'était pas pour défier l'ordre. C'était même précisément par amour de l'ordre. Nous avions compris que les cathédrales étaient des équations. Nous admirions la science architecturale, car elle use des mêmes lois que celles qui régissent la course des planètes. Et nous nous sentions si bien au sommet que souvent, c'était l'aube qui nous en chassait.

Nous avons rendu visite à la suite courtoise qu'églises, basiliques et cathédrales d'Europe dessinent derrière Notre-Dame, voile de pierres blanches traîné dans son sillage. Nous avons escaladé les Notre-Dame du premier cercle, celles qui se disposent autour de Paris et dont les traditions affirment que leur emplacement dessine sur la carte, en miroir, la constellation de la Vierge. Nos tableaux de chasse ressemblaient à ce refrain chanté sous le dauphin de France : « Orléans, Argentan, Notre-Dame de l'Épine... ».

Nous avons collectionné des aventures aériennes. À Chartres, nous avons longuement admiré la petite Vierge, invisible du bas, qui se tient sur la pointe du clocher gothique. Tout comme la sainte Clotilde de Paris, elle surveille l'horizon du haut de sa vergue pour le cas où d'autres dieux arriveraient par le septentrion. Après avoir gravi Reims, Amiens, Senlis et Meaux, nous avons poussé l'exploration jusqu'à Dijon, Strasbourg et même Anvers où l'escalade commencée sur une architecture gothique se termine sur un clocher baroque, car souvent les chantiers couraient d'une époque à l'autre. Au sommet de la flèche du Mont-Saint-Michel, nous avons regardé la neige tomber sur la baie obscure et nous avons pensé qu'il ne fait pas bon être un archange toutes les nuits. Mais une autre fois, au même endroit, très tôt le matin, nous avons vu le jour se lever et la lumière progresser sur la plaine de sable, triomphant de la nuit et rencontrant finalement la ligne des eaux de mer que la marée montante halait vers la côte. À Sées, nous avons commis l'erreur de passer la nuit dans les tours, juste au-dessus des cloches qui sonnaient le quart d'heure. L'espoir toujours vivace que le prochain quart d'heure ne sonnerait pas nous tint en insomnie ! À Saint-Quentin, il ne fut pas possible d'aller bien haut. Mais à Saintes, si. À Rouen, nous fûmes au sommet de la flèche alors qu'un orage sec zébrait le ciel normand de traînées aveuglantes.

Aucune espèce de revendication intellectuelle, rien de situationniste dans l'escalade des cathédrales. Pas de détournement de la ville à des fins artistiques, pas de surréalisme comportemental. Ce qui nous intéressait dans Saint-Germain-des-Prés, c'était de grimper dessus, pas de penser dessous. Tout juste un salut lancé à Dada lorsque nous nous tenions pour rire, en frac de soirée, sur l'arête d'un chien-assis. Un autre à Buster Keaton quand nous passions, anneaux de corde en main, devant le cadran d'une horloge haut perchée. Nous n'appartenions à aucune ligue (sinon à celle des chats de gouttière qui préfèrent la nuit au jour, le bord de l'abîme au socle des plaines, la corniche à la niche). Nous grimpions parce que c'était beau et plus utile à nos âmes que de reposer nos corps dans un lit.

Lors de l'ascension, il fallait chercher passage de voussure en trumeau, détecter dans la pénombre les lignes de force de l'église (arcs-boutants et contreforts) comme on cherche les lignes de faiblesse (fissures et failles) sur une paroi de granit. Une fois parvenus sous les coursives, nous explorions les charpentes, ces nefs à l'envers qui ressemblent à des bateaux, retournés sur un dernier rivage. Nous longions des corniches pareilles à des zincs où s'accoudaient des gargouilles. Certaines fois, juste avant l'aurore, nous avons gravi les tours d'où la ville se dévoile, tapie au pied du bâtiment. Sur la flèche de Notre-Dame, nous avons surplombé Paris éclairé, vide d'âmes. Paris sans *Parisii.* Nous avons embrassé l'extrême pointe de certaines flèches, juste au pied de la croix. Sous l'action du vent, une légère oscillation de l'ensemble donnait l'impression que l'horizon tanguait.

Les aiguilles rocheuses (celles de Rebuffat) procèdent du combat entre la poussée tectonique et la volonté du ciel d'empêcher la terre de se jucher à lui. Mais les antennes des cathédrales, elles, sont l'œuvre de la foi des hommes. Au sommet d'une flèche on éprouve la tension architectonique de la cathédrale. Une église gothique est un accélérateur d'énergie : chaque contrefort de soutien exerce une pression sur les pans de murs. Chaque niveau s'élève en appentis, telles les marches d'un escalier. Plus les murs prennent de la hauteur, plus ils s'écartent les uns des autres : ils voudraient basculer en arrière comme les quartiers d'une orange ouverte mais les arcs-boutants corrigent l'accrétion en les repoussant l'un vers l'autre. Les forces ainsi contrariées sont détournées vers le haut et fusent par les veines de l'édifice (colonnes et voussures) pour se rejoindre au sommet de l'œuvre, jaillissant à la croisée des transepts dans le giclement de la flèche. Une flèche est un geyser de sève minérale. Les moellons de l'édifice entier, parcourus par les flux montants, sonnent comme le cristal si on les frappe de l'ongle : ils sont aussi tendus que les cordes d'une harpe.

Une cathédrale est un instrument de musique. Mais aussi une arme de jet, un arc qui bande sa flèche vers le ciel.

Les cathédrales escaladent le ciel. Nous escaladions les cathédrales. Vues d'en haut, elles ressemblaient à la carcasse d'un coléoptère monstrueux pris dans la toile d'araignée de la ville. Péguy, lui – est-il jamais monté au sommet d'une flèche ? – y voyait des *doubles galères*, flanquées de rames (les rangées d'arcs-boutants) et voguant vers les vertus.

Assurer son compagnon de cordée prend du temps. Parfois nous restions de longs moments recroquevillés contre le parapet d'une coursive ou bien à cheval sur une faîtière, comme sur une arête de neige, avalant le mou de la corde d'escalade. Alors venaient les questions sur les royaumes que nous visitions. Pourquoi l'Europe s'est-elle soudain couverte d'un manteau de cathédrales ? D'où est venue la subite maîtrise de la technique gothique ? Qui a inventé le principe ogival, permettant de percer les murs de vitraux faisant passage à la lumière ? Qui a présidé au printemps des flèches, ce triomphe du vide sur le plein ? Qui a ouvert la voie, financé l'élan, donné l'impulsion ? Grimper sur le dos d'une cathédrale, c'est s'avancer dans une *terra* encore un peu *incognita*.

Dissimulées sous des corniches ou dans l'obscurité d'un recoin, nous avons souvent débusqué, lors des grimpées sauvages, des décorations de pierre – frises, appliques, et même têtes ouvragées – invisibles du parvis. Elles n'avaient pas été destinées au regard des hommes mais sculptées par un compagnon pour la beauté du geste ou par amour de Dieu. L'anonymat va bien aux cathédrales. Aucune signature ne s'associe à leur édification. Personne à honorer, pas de souvenir à célébrer. On serait incapable de citer dix artisans qui ont élevé Notre-Dame.

Les bâtisseurs accomplissaient leur tâche puis s'en allaient construire ailleurs. Et voilà la raison pour laquelle sont orphelins les monstres de pierre des cités de verre. Nous autres, visiteurs du noir, il nous semblait partir à la rencontre des fantômes de maîtres verriers, tailleurs de pierres, couvreurs, sculpteurs, *operarius*, architectes. Nous cherchions leurs traces à la croisée des transepts. À la croisée des siècles. Or il nous arriva une nuit de rencontrer des compagnons. Ils avaient réussi ce que nous poursuivions : s'extraire de la marche du monde, contempler le siècle en se tenant loin de sa rumeur, côtoyer l'universel en s'adonnant à l'anecdotique, le tout dans la compagnie de la beauté. Une vie de convers immobile et urbain ! Quand nous les surprîmes quelques heures après minuit, ils travaillaient sous le toit de la cathédrale de Paris. Lorsqu'ils surent que nous étions venus en amants du Grand Œuvre, ils nous firent entrer dans la *forêt*.

C'est ainsi que l'on nomme la charpente de Notre-Dame de Paris. On devrait dire la *jungle* car c'est un enchevêtrement de poutres ajustées les unes aux autres sans rivets, ni chevilles : un mikado de châtaigniers. Ils nous expliquèrent qu'on ne doit pas crucifier la poutre et que l'équilibre des forces, la souplesse des bois et l'intelligence des géométries suffisent à soutenir les deux cent dix tonnes du toit de plomb sans besoin de planter un seul clou.

Le sol des charpentes d'église est voûté puisqu'il correspond à l'envers des arcs. À chaque ogive une bosse, entre deux bosses un creux : comme dans un panier d'œufs. Billon, sillon, billon, sillon. Au sommet de chaque clé de voûte, un trou de quelques centimètres de diamètre servait à faire passer des cordes. Ces orifices inutilisés sont aujourd'hui obstrués par un cylindre de bois. Nous avons souvent débouché ces trous et approché le visage pour sentir pulser l'air chaud de l'église, aspiré par la différence de température entre la nef et la charpente. Odeur mêlée de pierre, de cire, de cierge et d'encens froid : l'haleine de l'église.

Parfois au cours de nos promenades perchées : des frayeurs, des cauchemars. Comme cette nuit de vagabondage solitaire, dans l'enceinte du fort Vauban de Villefranche-de-Conflans atteinte après une courte escalade. Une heure d'exploration de la citadelle pour déboucher sur un chemin d'escarpe, percé de meurtrières que forçaient les traits d'archers de la lune. Sur ma droite : la volée descendante d'un escalier de pierre. Dans le faisceau de ma lampe, une crypte plantée de colonnes. J'inspectai les lieux. Le halo électrique fouillait l'obscurité. Soudain, à quelques dizaines de centimètres de moi, je vis deux vieillardes. Elles avaient les yeux percés et leurs vêtements blancs apparurent couverts de sang. Leurs mains étaient agrippées aux barreaux de la grille d'un cachot. D'épouvante il me sembla vieillir de dix ans. Il me fallut une seconde pour saisir qu'il ne s'agissait que de deux statues de cire. Je sus plus tard qu'elles avaient été installées par l'office du tourisme de la région en mémoire des deux femmes adultères de Villefranche que la bonne société du

XVIIe siècle avait mises aux fers dans les oubliettes du fort. Sur le chemin du retour, l'image des deux recluses aux yeux crevés qui avaient tant fait battre mon cœur ne me quitta pas.

À Saint-Merri dans les Halles de Paris, une autre nuit, je sentis à nouveau refluer mon sang. Alors que j'arpentais la charpente, je perçus de faibles cris. On gémissait dans l'obscurité : une voix de vieille dame ! Ce soir-là, je ne me calmai pas. Même après avoir compris que les plaintes venaient du mécanisme mal graissé de l'horloge qui pivotait en grinçant, toutes les minutes.

Mais les rencontres sont parfois heureuses. J'ai surpris des espèces animales qui avaient élu demeure dans les hauts lieux de pierre. Les cathédrales abritent un double bestiaire. L'un, enchanté, composé de griffons, de pélicans, de monstres, de gargouilles et de tarasques suspendus dans le vide. Ces créatures président, placées aux meilleures loges, aux destinées urbaines. Elles sont les vigies des cités, membres d'un peuple qui ne s'anime qu'à la lueur des lampes. Les pierres dorment, les ombres vivent. Mais demeurent aussi là-haut des êtres qui n'ont rien de chimérique. Les chouettes (où est passée celle qui nichait dans les croisées de la flèche de Notre-Dame ?), les faucons crécerelles, les loirs, les chauves-souris, les araignées. Il y a aussi les pigeons. Ils empoisonnent les cathédrales. Leurs déjections s'accumulent en strates sous les charpentes et l'acidité de ce *chernozem* attaque la pierre. Le pigeon niche dans les trous à boulins des compagnons. Ou dans la spirale d'escaliers à peine assez large pour un visiteur trop gros. Quand nous les approchions, ils décollaient bruyamment, se cognaient dans nos visages, soulevant des nuages de guano séché. Les squelettes écartelés sur les marches, craquaient quand on posait le pied dessus. On avait peur d'écraser un œuf. On ne va pas dans les églises pour tuer les créatures ! Les animaux des cathédrales nous ont parfois servi de guides.

Une nuit d'hiver à Rouen, alors que nous désespérions de trouver un passage sur l'église de Saint-Maclou autour de laquelle nous avions tourné en vain, un furet nous indiqua la voie en gravissant de quelques bonds un passage masqué, que nous n'aurions jamais détecté.

Il n'y a nulle part de bestiaire sans flore. Pas moins dans les cathédrales qu'ailleurs. À Saint-Sulpice, un arbre a grandi sur l'encorbellement sud du premier parapet. À Saint-Louis-en-l'Île, un buisson a réussi à prospérer à la base de la flèche. Ici et là, des graines apportées par les courants ou dans le tourbillon du vol des pigeons (reconnaissons-leur le mérite de féconder les pierres) sont parvenues à se développer dans la rainure d'une gargouille ou sur le rebord d'une façade, poussées sur une mince couche de terre elle-même déposée grain à grain par des vents très patients. Une promenade attentive dans la ville permet de ne pas désespérer de l'avenir des plantes.

Des signes prouvent qu'elles n'ont pas capitulé devant le goudron. De minuscules tiges en crèvent ici et là la croûte. Certaines germent dans les égouts et montent, rectilignes, à la verticale des plaques de fonte pour chercher la lumière dans le trou de serrure qui laisse passer le jour. D'autres tapissent le fond de minuscules cavités dans les meulières de soutènement des quais (aux Tournelles par exemple). Des lichens rampent sur le calcaire des pierres de taille accélérant l'arénisation de la pierre. Des lierres commencent à cascader des ponts métalliques. Des simples poussent à la base des façades d'immeubles, à l'angle qu'ils dessinent avec les trottoirs comme si elles voulaient les soulever par effet de levier. Et le comble, c'est que personne n'y prend garde. On se fout des herbes folles. Jamais un regard accordé aux frémissements du végétal. Pourtant, on devrait prendre garde.

Ces présences à peine visibles attendent peut-être leur heure. Il est possible qu'elles occupent le terrain avant le grand assaut et qu'un jour elles déchaînent leurs forces pour reconquérir la ville qui les a spoliées du ciel. Le raz-de-marée de sève engloutira alors les habitations. Et le prochain règne sera végétal.

Un détail de la serre tropicale (celle qui fut édifiée en 1837) du jardin des Plantes devrait d'ailleurs avoir depuis longtemps attiré l'attention des autorités. On voit là-bas un bambou qui a fracassé un carreau du plafond de verre et dont le houppier dépasse de la structure de plus d'un mètre, faisant un épi fou sur la surface du dôme transparent. Il préfigure peut-être ce qui attend les mégapoles : la conquête du monde par la chlorophylle.

Dans la nuit des églises, nous aimions chercher les traces de nos prédécesseurs. Les murs des cathédrales servent de livre d'or. Les compagnons, les passants clandestins, les prêtres y ont laissé leur nom.

De graffiti en graffiti, à la lampe frontale, se remonte l'histoire de France ! Il y a d'abord l'empreinte des compagnons : leur signature est comme la griffe de l'ours, un signe de passage. Ils laissaient un nom symbolique, un chiffre magique ou un idéogramme destiné aux compagnons suivants : alphabet d'initiés. Un maçon dessinait un ciseau, un compas ou une équerre (héraldique artisane dont s'inspireront plus tard d'autres Maçons, plus affranchis). Puis la Révolution française. Chacun revendiquait une identité propre et donc un nom à soi : soudain, on s'aperçut qu'on n'appartenait plus seulement à une confrérie mais qu'on s'appartenait en propre. On grava donc son nom sur les moellons : *Jean, Auguste, Pierre* dans une tour d'abbaye normande sous les dates de 1795, 1801, 1850. *Antoine, Jacques* à Saint-Sulpice dans la tour sud. *Étienne,* à Saint-Eustache. Le compagnon porteur du fardeau secret laissait place à l'ouvrier qui, lui, porte son nom. La guerre ensuite. Elle a laissé d'autres traces que les cicatrices d'impact sur les murs des boulevards. Des hommes se sont cachés dans les monuments parisiens où ils ont gravé des messages. Dans les triforiums de Saint-Bernard, on lit « Vive De Gaulle ». Un nom juif est inscrit sur la paroi calcaire d'une grotte désaffectée de Bougival, très loin de l'entrée, et « M.D. télégraphiste – 1943 » dans la tour d'adduction d'un aqueduc des Yvelines. Dans les années soixante, tout devient politique. Le débat s'affiche sur les murs et pas seulement sur les plus accessibles. Dans la tour ouest de Sainte-Clotilde : « Les patrons sont des enculés ! » Viennent les années de l'amour libre. Quand on s'aime, on veut que ça se sache. On le dit sur le tronc des arbres ou mieux : sur les murs de l'église, parce que l'on sait qu'une église, ça dure.

Les graffitis d'amour ne sont pas semblables aux inscriptions profondes que les compagnons creusaient avec lenteur. C'est un petit trait faible, un gribouillis. On apprend par exemple que « Nathalie aime Luc », dans les escaliers de Saint-Ambroise. C'est gentil l'amour, ça s'efface, ça ne résiste pas au temps. Et puis il y a enfin des dessins qu'on ne peut pas dater, ils sont là pour décorer les murs des cathédrales. Je connais une chauve-souris au pochoir sur Notre-Dame, une cornemuse au crayon dans les combles à torchis de Saint-Étienne-du-Mont, un profil hilare sous les ventaux de Sainte-Clotilde.

Nous n'avons pas grimpé qu'en haut des cathédrales. Tout a été bon pour nos ardeurs. Un pont, une église, un immeuble, un bâtiment, un toit.

Nous avons ainsi élaboré une représentation géographique parallèle des villes de France, à un niveau supérieur, superposable aux plans officiels ; une géographie du vide avec son océan de toits – tuiles, ardoises et zinc : variété de la nappe ! – entaillé par des failles (les rues), ses archipels formés par les coupoles, ses pics en forme de clochers qui surnageaient de l'ensemble et constituaient des objectifs pour nos cœurs aventureux : l'essentiel était le voyage vertical. Mais parfois nous avions une cause à servir et au profit de laquelle nous pouvions mettre notre technique. Et si possible une cause perdue. L'amour par exemple...

Mon expérience des escalades urbaines a bien des fois servi l'amour. Notamment lorsqu'il manquait une échelle, dans le jardin plein de lune, pour arriver à Juliette.

Sur le balcon où tu te penches
Je veux monter, efforts perdus.

Il est trop haut et tes mains blanches,
N'atteignent pas mes bras tendus

déplorait Théophile Gautier qui ne savait pas empoigner les balustrades ni se rétablir sur les aplats. Des amis m'ont demandé d'accrocher des fleurs sur le balcon des filles ou de porter des mots à leur fenêtre. J'ai escaladé un jour de printemps la flèche de Strasbourg pour le compte de l'un d'eux. Je devais fixer au sommet un drap blanc de quinze mètres de long frappé de ce seul nom : *Valérie*. La fille habitait près du parvis. C'était comme piquer d'un billet doux l'épingle de la cathédrale. J'avais réussi le coup, mais l'histoire avait stupidement fini : la fille, prévenue, ne s'était même pas déplacée. Les autorités avaient décroché la bannière au matin. Les Alsaciennes sont ingrates. Les Parisiennes pas moins. Je l'ai expérimenté.

Un jour que je passais dans la rue Schaeffer, à l'ouest de la butte Chaillot, je croisai une jeune fille dans un grand état d'agitation. Elle ne réussissait pas à ouvrir la porte d'entrée d'un immeuble et m'expliqua que l'amie qui l'attendait au quatrième étage restait sourde à ses appels. Je grimpai par la gouttière, frappai au carreau et causai une grande frayeur à la propriétaire qui était à l'intérieur. Elle ouvrit les battants et, sans m'inviter à rentrer, cria la combinaison du code à son amie, referma la fenêtre, tira les rideaux et me laissa en plan, accroché au conduit. L'autre fille rentra dans l'immeuble sans même me jeter un merci. Je glissai en bas de la gouttière et ce fut l'une des plus mélancoliques descentes de ma vie.

J'ai donc appris à apprivoiser les immeubles. L'architecture des constructions haussmanniennes est, entre toutes, la plus propice à l'escalade : la décoration bourgeoise de ces mornes ensembles – balconnets, mascarons, frises – offre des prises précieuses. Pour les autres bâtiments, plus anciens ou plus récents, on trouve presque toujours un moyen de passer : une gouttière, une vanne de fonte et, en désespoir de cause, on peut passer par les toits d'un immeuble voisin.

Dans les récits romantiques français et allemands, les cousettes habitaient sous les toits. La mansarde est une chambre d'amour. Le toit, le chemin qui y mène. Mais, aujourd'hui, ces répartitions ne valent plus rien.

Fini le temps où l'on ne trouvait les modistes que sous les combles et les vicomtesses au rez-de-chaussée. Les cartes ont été battues, le château de classes s'est mélangé. Le stégophile ne peut plus compter sur la sociotopographie pour tomber sur Colombine perchée sous les combles.

La proportion d'immeubles qu'un escaladeur déterminé peut gravir à Paris est proche de 80 p. 100. Chaque façade présente une difficulté particulière. Les alpinistes ont mis au point un système de cotation des difficultés selon une échelle comptant neuf degrés. Un pour le plus facile. Neuf pour les parois extrêmes. Si ce système de graduation était appliqué à l'architecture urbaine, il donnerait à l'alpiniste des points de comparaison précieux. Par ordre croissant des difficultés, les ponts du XIXe seraient à classer dans le troisième degré et équivaudraient à une course d'arête très facile, à l'inclinaison faible. Viendraient ensuite les bâtisses haussmanniennes ou les églises romanes qui ne dépassent pas le quatrième degré et s'apparenteraient à des parois aux larges prises. Les cathédrales gothiques seraient à ranger dans le cinquième degré (celui des parois granitiques du début du XXe siècle), plus ou moins ardu selon qu'il s'agisse de gothique balbutiant ou flamboyant. Plus coriaces, les édifices classiques, sulpiciens, ou bien les pâtisseries néo-prussiennes (gare de Metz ou Sacré-Cœur) frôlent le sixième degré des falaises aux prises fines, qui requièrent une gestuelle complexe. Le septième degré est réservé aux tours de verre contemporaines, terrain sur lequel personne ne s'aventure, hormis un acrobate français, connu sous le nom « l'homme araignée », artiste du vide, qui parcourt le monde de tour de verre en tour de verre.

À la difficulté propre à l'époque s'ajoute le danger de l'escalade sans corde. Mais un messager d'amour trahirait la poésie s'il usait d'un filet. En cas de chute, le grimpeur aura tout juste le temps de se dire qu'« il n'a que ce qu'il mérite », comme le proclamait Philippe Petit quand on lui annonçait qu'un funambule – un de ses frères ! – s'était écrasé.

AOÛT 2015

Notre-Dame du Bon Secours

On découvre trop tard ce qu'on a sous les yeux. La vie passe, on ne remarque pas l'évidence.

J'avais habité pendant dix ans devant l'église Saint-Séverin dans le Ve arrondissement de Paris. Saint-Séverin : la sophistication du gothique, l'église qui ravissait Huysmans, où Cioran venait rafraîchir son désespoir, où furent célébrées les obsèques de Bernanos, de Florence Arthaud récemment…

La cathédrale Notre-Dame de Paris

s'élève, à quelques centaines de mètres à l'est, sur l'île de la Cité. Au néolithique, on traversait le bras de la Seine en pirogue. On a retrouvé des vestiges de ces embarcations près de Bercy. Aujourd'hui, il y a des ponts. L'un d'eux dessert le parvis. Et moi, pauvre aveugle, je l'empruntais chaque jour, passais au pied du monument sans daigner lever les yeux vers la galerie des rois mutilés, sans regarder les tours, sans brûler de monter au sommet.

Le Parisien ne va pas au Louvre, le Moscovite ignore le musée Pouchkine, les Madrilènes négligent le Prado. Puis chacun court le monde, pour se jeter dans des musées lointains. Voyager est absurde.

Il m'a fallu un accident pour prendre soin de ce dont je disposais par-devers moi. L'année avait été rude. Les malheurs s'étaient abattus sur ma famille. Parfois, je me demandais ce que nous avions fait aux dieux. Puis ma mère était morte et moi, j'étais tombé d'une fenêtre. Je ne sais pas trop comment les choses étaient arrivées. Je m'étais réveillé en morceaux dans un lit d'hôpital et j'avais passé près de quatre mois allongé dans un corset. La médecine de pointe, la sollicitude des infirmières de la Pitié (ce mot n'est pas dangereux), l'amour de mes proches, la sainteté d'un être chéri, la lecture de bons romans, tout cela m'avait sauvé. Et je m'étais relevé, capable de marcher. Il fallait remuscler la carcasse et les médecins me conseillaient de l'exercice. « Rééducation », disaient-ils. Je n'aimais pas ce mot, il me faisait penser aux méthodes du Politburo soviétique. La perspective de passer des heures dans une salle de sport me démoralisait, et je considérai soudain qu'à une encablure de mon appartement il y avait la cathédrale. Le vaisseau de pierre était là, encalminé sur l'île. Je n'avais qu'à monter en haut de ses tours pour retrouver mes forces.

Chaque matin, je quittais mon domicile à petits pas. Je descendais les escaliers de l'immeuble, marchais précautionneusement à travers le square de Saint-Julien-le-Pauvre. J'étais devenu un vieux monsieur, j'avais pris cinquante ans en dix mètres. Je traversais la Seine et gagnais le guichet de l'entrée des tours, sur le flanc nord de la cathédrale, dans la rue du Cloître-Notre-Dame. Il était dix heures du matin, les visites commençaient.

J'avais enfin réussi à rythmer mes journées d'une promenade à heure fixe. Je me conformais en cela au principe de Kant (à défaut de savoir philosopher, j'imitais sa pratique de vie). Heine raconte que le philosophe allemand, chaque jour à la même heure, quittait son cabinet de travail et marchait le long d'un trajet immuable. Kant enseignait par là que le rendez-vous avec des habitudes innocentes féconde la vie. La journée est marquée par un battement d'horloge, on se satisfait d'honorer un acte anodin. Le temps se structure, se construit. Mon rendez-vous avec les tours de Notre-Dame était le signe que la journée se passerait bien.

Je saluais les gardiens. L'institution des Bâtiments de France, à qui j'avais écrit une lettre, m'avait gratifié d'un laissez-passer. Je pouvais couper la file, je commençais ma lente montée. Il y a quatre cent cinquante marches pour arriver au sommet de la tour sud. On s'élève d'abord à mi-hauteur de la tour nord, on traverse la coursive de la façade, au-dessus de la rosace occidentale, et on rejoint la tour sud pour poursuivre l'ascension au sommet.

Les premiers jours, ce fut l'Himalaya. Mes poumons n'avalaient pas assez d'air, mes jambes flageolaient, le dos grinçait, le cœur s'emballait. J'allais lentement, la main sur la rambarde de métal. Cinq mois auparavant, j'étais tombé sur mon ombre, mon corps était déchu. Je le montais vers le ciel pour le fortifier.

Au début, je fus gêné de ralentir les visiteurs. Ils piétinaient derrière moi.

Ils ne pouvaient me doubler dans l'escalier à vis. Ils étaient venus du Japon, du Chili, d'Australie. Ils avaient traversé la Terre pour admirer Notre-Dame, pour voir Paris de haut, pour prier peut-être ?

J'avais passé ma vie à courir les montagnes, à me dépenser sans compter, et voilà qu'à quarante-deux ans j'étais à la peine dans un escalier. Une vie sur la route pour en arriver là ! Je me sentais affreusement mélancolique. Ces escaliers, je les considérerai toujours comme l'expression la plus radicale de la sanction du destin. Chaque marche sonnait le rappel : on ne doit pas disposer légèrement de sa vie.

L'escalier à vis permettait de s'élever en tournant sur soi-même. Je gagnais les degrés sans conquérir un pouce sur le plan euclidien. Dans l'escalier droit, c'est le contraire : on monte devant soi, projeté de quelques mètres dans l'espace. Toute spirale possède valeur d'espoir – un espoir plus grec que chrétien. L'espoir chrétien nous conduit droit vers l'avenir et la fin du chemin débouche dans la lumière. La spirale du colimaçon, elle, recompose son permanent retour. L'éternel retour est dans l'escalier à vis. Tout visiteur de Notre-Dame tient du derviche tourneur.

Je pensais au génie de ces architectes qui inventèrent le colimaçon. Avaient-ils observé la nature pour mettre au point leur trouvaille ? S'étaient-ils inspirés de la graine de tilleul tombant de la branche en tournicotant ? Avaient-ils été influencés par la coquille de l'escargot ? Peut-être avaient-ils tenu à incarner un symbole, car la spirale recèle une dimension métaphysique. Toute méditation a la forme d'une spirale : la pensée tourne sur elle-même, s'enfonce lentement dans les tréfonds psychiques.

Dans l'escalier régnait la fraîcheur. L'odeur de la pierre, aqueuse, métallique, n'avait probablement pas changé depuis le XIIe siècle, date de la construction de Notre-Dame. Cette senteur de fleur morte, je l'ai sentie souvent dans les grottes karstiques où je bivouaquais au milieu des calanques de Cassis. Aujourd'hui, les chrétiens aiment à prier dans les cryptes. Ils s'imaginent dans les catacombes où se cachaient les premiers adorateurs du stoïcien crucifié. Je crois à la mémoire des pierres. Elles absorbent l'écho des conversations, des pensées. Elles incorporent l'odeur des hommes. Les pierres sauvages des grottes et les pierres sages des églises rayonnent d'une force mantique. On est toujours saisi quand on pénètre sous une voûte de pierre qui a abrité les hommes.

Je tournais dans la vis. J'avais le temps de détailler les fossiles incrustés dans les murs. Les moellons calcaires de Notre-Dame sont truffés d'animalcules du Crétacé. Paris est fait de calcaire fossilifère, la ville s'élève sur des coquillages. Les hommes ont bâti la plus belle châsse de la chrétienté avec de petits escargots : grandeur et modestie de toutes créatures…

Puis l'escalier s'ouvrait sur la coursive qui relie les deux tours, et c'était l'explosion de lumière. Je recevais la caresse du soleil comme une bénédiction et toujours, au moindre rayon, me revenait la confidence de Mgr Gollnisch, patron de l'Œuvre d'Orient. Il m'avait avoué ceci, à voix basse, dans un camp de réfugiés zoroastriens en Irak : « Si je n'avais pas été chrétien, je serais devenu adorateur du Soleil. » Notre-Dame est la cathédrale du Christ, mais – chevet au levant et tours au couchant –, elle est également un temple solaire.

Chaque jour, Paris changeait. Le ciel imprimait d'imperceptibles nuances sur la ville. Paris prend mieux la lumière d'orage que la clarté d'azur. Tout ciel tragique grandit une ville. La capitale repose « sous le commandement des tours de Notre-Dame », comme l'écrivait Péguy à la fin des *Sept contre Paris*. Et les collines énumérées sous la plume du poète des *Tapisseries* se dessinaient, ondulant leurs molles élévations dans l'horizon. Le mont Valérien, Montmartre et Saint-Cloud moutonnaient au loin. Paris est une petite ville, un Diên Biên Phu en paix. Elle étend sa marée de zinc dans le creux de sa cuvette pendant que les éminences montent la garde.

En bas, sur le parvis, il y avait le spectacle des hommes. Haussmann avait dégagé la place pour assainir Paris, pour la commodité des manœuvres militaires et pour que les mioches puissent effrayer les pigeons en courant dans le tas. Plus tard, devenus vieux, ils les nourriraient, assis sur un banc. La vie consiste en cela : réparer ses péchés de jeunesse.

Je renonçai à compter le nombre de flèches d'église qui piquetaient la ville. Elles étaient plantées comme des banderilles dans les toits. Je me souvenais d'un récent débat national : nos hommes politiques avaient légiféré pour interdire que l'on dispose des crèches de Noël dans les mairies. Les flèches de la France chrétienne, elles, étaient encore debout. Les arracherait-on un jour pour satisfaire au principe de laïcité ? On faisait l'effort d'oublier que le pays avait des racines. Il restait les croix dans le ciel.

Je passais de longs moments à caresser les gargouilles. Mon accident m'avait affligé d'une paralysie faciale, mon visage avait subi un glissement de terrain. Je promenais une face grimaçante. Les gargouilles me consolaient de la disgrâce. Elles se tenaient, scellées sur les parapets, et contemplaient Paris avec leurs gueules de monstres.

C'étaient les dogmes du XVIIe siècle qui m'affectaient. L'âge classique avait imposé en Europe ses canons esthétiques. On s'était persuadé que la beauté résidait dans la symétrie. Seule la déconstruction cubiste, au début du XXe siècle, avait corrigé l'impératif d'équilibre formel. Les portraits de Picasso consolaient les sujets atteints de paralysie faciale. Les premiers signifiaient aux seconds que la laideur peut irradier une force.

Si j'avais vécu dans le Paris gothique, dans la ville médiévale imperméable à l'obligation de symétrie, familière des dragons, des tarasques et des rêves de Bosch, mon hémiplégie faciale serait passée inaperçue.

Penser à Quasimodo, ici, sous le beffroi, me rassurait : même un monstre a le droit à l'amour. Barbey d'Aurevilly, après Hugo, en avait fait le sujet d'un roman. Le prêtre de *L'Ensorcelée*, défiguré par la variole, séduisait une paroissienne normande. Rien n'était perdu, me susurraient les gargouilles : toute bête a sa belle.

Les gargouilles avaient été dessinées par Viollet-le-Duc. Elles surveillaient les Parisiens depuis un siècle et demi. Elles assistaient au retour des ivrognes en pleine nuit, aux baisers clandestins des amants de l'aube, aux cavalcades des voyous et des flics. Elles étaient la mémoire de la ville. Elles ne quittaient jamais leurs loges, et je les comprenais. Lorsqu'on a élu domicile dans les hauteurs, on se passe bien vite de l'envie de traîner dans la vallée.

La cloche sonnait. Les vantaux des

tours abattaient les tintements. Une averse de métal tombait sur Paris. L'an passé, on avait hissé de nouvelles cloches pour tenir compagnie au bourdon *Emmanuel*, seule pièce épargnée par les ravages de la Révolution. La cathédrale avait subi la Terreur. Les révolutionnaires avaient infligé à l'édifice ce que Sade réservait aux jeunes personnes. Ils l'avaient mutilé, dégradé. Pendant ces journées sous le commandement des tours, j'étais allé entendre une conférence de Michel Zink, au musée du Moyen Âge. Nous l'écoutions dans une salle où sont disposés les vestiges des rois de Notre-Dame. « Voyez-vous, avait-il dit, les statues ont été vandalisées par des hommes qui faisaient ce que les islamistes de Daech font aujourd'hui. » Et nous avions pensé : « Parfois ces gens triomphent »...

Le glas avait sonné cette année à plusieurs reprises pour commémorer des drames nationaux ou lointains : lors de la tuerie de *Charlie Hebdo* ou de l'assassinat des coptes par les musulmans fanatiques. L'agent de sécurité qui me faisait visiter le beffroi sud avait prononcé cette phrase en me montrant les vases de bronze : « L'un est nommé *Marie* et l'autre *Emmanuel.* » À force de vivre dans la cathédrale et de croiser le fantôme de Victor Hugo dans les coursives, il s'exprimait en alexandrins ! Je lui avais demandé pour qui allait encore sonner le glas. Depuis six mois, un faisceau de catastrophes convergeait dans le monde avec une fréquence convulsive. « On va encore beaucoup l'entendre », m'avait-il glissé. On gagne à s'avouer pessimiste, c'est le moyen d'être prophétique.

Je traversais la coursive de la façade vers la tour sud. Il fallait slalomer entre les touristes. J'observais les visiteurs de Notre-Dame. Tous prenaient des photos, des millions de photos, sans discontinuer. Pas un ne regardait Paris de son œil. Ils brandissaient un écran entre le monde et eux. Y avait-il encore la place pour l'éclosion d'un souvenir, d'une pensée ? Ces gens devaient gober les discours sur la « réalité augmentée » ânonnés par les marchands de gadgets. Ce *bluff technologique*, comme le disait Jacques Ellul, me rendait triste. Il siphonnait la joie de vivre, il asséchait la fantaisie, le mystère de l'homme et sa poésie vive. De quoi avaient-ils peur, ces braves visiteurs, pour s'abriter derrière leurs blindages portatifs ? Ils ne parlaient pas. Ils ne riaient pas. Ils faisaient sagement fonctionner leurs trucs. La technique avait été inventée pour servir l'homme. La technologie le disciplinait, le mettait au service des appareils. L'homme était devenu l'employé de ses propres outils.

Nous étions de plus en plus nombreux à développer une allergie spirituelle à ces illusions virtuelles. Bientôt, nous nous réfugierions dans les bois. Nous serions liés aux bêtes, aux forêts, à l'amitié, à nos morts, à nos livres. Nous serions déliés des machines. Nous couperions le bois, viderions des seaux de vin, ferions l'amour, lirions des poèmes. Et nous serions vivants parce que déconnectés.

Je saluais les gardiens. Une jeune fille aux cheveux noirs ressemblait à

Esméralda. Était-ce un critère des Bâtiments de France pour recruter son personnel ? J'imaginais une annonce à Pôle Emploi : « Cherchons jeune fille esméraldienne pour garder les tours de Notre-Dame. » Au sommet de la tour sud, j'avais discuté avec une autre gardienne. Elle avait travaillé au musée Gustave-Moreau. À présent, elle veillait les gargouilles. Nous avions parlé de Huysmans, de Salomé, de la poésie décadente, et je lui avais demandé si elle préférait passer sa journée à veiller sur le ciel. Un jeune surveillant lisait *Crime et Châtiment*. Je trouvais inquiétant qu'un agent de sécurité passe ses journées auprès de Raskolnikov. Un jour, une perruche s'était posée là-haut. Elle s'était sans doute échappée des cages d'oiseleurs du quai de la Mégisserie et respirait l'air frais sur la tête d'une gargouille. C'était la visite du perroquet de Flaubert que la bonne Félicité prenait pour le Saint-Esprit.

Chaque jour je sentais les forces revenir. Il y avait quelque chose d'alchimique dans ces heures d'exercice. Comme si le mystère, la puissance de Notre-Dame, pulsaient dans mes chairs. À présent, je suis remis, je marche droit et je salue toujours les tours de Notre-Dame quand je flâne à leur pied. Je leur rends bien modestement par ces lignes le bienfait qu'elles m'offrirent.

Ô reine de Douleur

À l'esprit, dans l'ordre : l'effroi, les analyses, les souvenirs.

L'effroi, c'est l'impensable mêlé au sublime. Les images du brasier sont belles. Beauté horrifique, gravure en fusion de Gustave Doré.

Tout homme a un rendez-vous quotidien avec le paysage qu'il habite. Je vis sur les quais de la Seine, entre l'église Saint-Julien-le-Pauvre où fut enterrée ma mère et l'église Saint-Séverin où fut baptisé Huysmans. Notre-Dame est là, tout près, reine mère de sa couvée d'églises.

Je séjourne « sous le commandement des tours de Notre-Dame » (Péguy dans *Les Sept contre Paris*).

La présence. Tous les matins, de chez moi, je regardais la flèche décochée vers le ciel par Viollet-le-Duc. Je lui adressais un coup d'œil. C'était un salut. Certaines choses sont plantées. Non ! tout ne varie pas sur cette terre et tout n'est pas destiné à circuler frénétiquement à sa surface. *Le monde tourne, la croix demeure*, c'est la devise des Pères Chartreux. C'est une belle phrase. Il faut des radeaux quand les eaux montent.

La flèche apparaissait le soir dans le ciel d'Île-de-France aux nuances pastel. Quand je venais de l'est, je la voyais surnager de l'entrelacs d'arcs absidiaux. Et sa droiture « irréprochable » (Péguy encore) rassurait. Elle était là. Le monde pouvait trembler, les institutions se détricoter, les bêtes disparaître. Au moins les flèches se fichaient-elles imperturbablement à la croisée des transepts. On se disait que Péguy avait raison : la flèche ne peut « faillir ».

La chute. Et voilà que soudain, elle tombe. On vivra désormais devant le trou. Et l'on se prend à songer. Quelle est cette époque qui prétend augmenter l'homme sans conserver ses châsses ? Quelle est cette impéritie ? Comme la modernité manque de sérieux ! Pourquoi ne sommes-nous pas de meilleurs *conservateurs* ? Que signifie cet écroulement ?

Léon Bloy disait dans son journal « Dieu se retire ». Il y a de cela dans l'image de l'incendie. L'époque peut-être ne méritait-elle pas cette flèche. Elle ne s'est pas effondrée. Elle s'est soustraite au carnaval.

Tout cela ressortit à la pensée magique, médiévale. Ce sont des considérations vaporeuses embuées de chagrin. Mais après tout, une cathédrale est une châsse magique, élevée à l'Invisible.

Les escalades. Il y a vingt-cinq ans, avec une escouade de camarades, j'escaladais les cathédrales gothiques. Nous grimpions par les contreforts, les arcs-boutants, les toits et les parapets, et nous allions jusqu'au sommet des flèches. Nous avions écumé une vingtaine de grandes reines du génie européen. Nous lisions Fulcanelli et Nerval, nous savions que le gothique marie la force et la grâce, c'est-à-dire, en termes architecturaux, la puissance de l'élévation et la dentelle de l'ornement. Le miracle des cathédrales réside dans la poussée des forces par un système de compression des façades. Arcs-boutants, contreforts et pilastres empêchent l'accrétion. Sans eux, le fruit s'ouvrirait. Les flèches jaillissent en geyser, résultant de cette contention. Elles sont la résolution de l'équation de poussée.

Péguy donnait dans ses poèmes une indication technique très valable : pour lui, la flèche s'élevait « d'un seul jaillissement ». La flèche est un derrick. En dessous, la nappe d'hydrocarbures en dormance s'appelle la foi.

Je suis monté cent cinquante fois sur Notre-Dame, nuitamment, sans abîmer le moindre ornement, sans désagréger ni arceau ni moulure, prenant soin de ne laisser aucune trace. Parfois, j'ai rencontré des Compagnons du Devoir. Ils travaillaient déjà, en pleine nuit, dans la charpente partie en fumée. C'étaient alors d'étranges conversations, dans la *forêt*, à voix feutrée, avec des hommes qui n'étaient pas de leur temps, ni de leur terre.

Nous allions sur les tours, sur les coursives, en haut de la flèche. Paris se révélait, à nos pieds, illuminé partout, endormi pour partie, faisant la fête ailleurs. Peut-être en ce temps-là avions-nous déjà lu le poème de Rimbaud :

J'ai tendu des cordes de clocher à clocher ; des guirlandes de fenêtre à fenêtre ; des chaînes d'or d'étoile à étoile, et je danse.

Nous nous prenions pour des funambules, ou des chats, ou des jongleurs du XIIIe siècle. Nous n'étions que des plaisantins, mais la plaisanterie avait son sens et les nuits leur poésie.

Quand il y avait du vent, le sommet de la flèche bougeait légèrement, car elle était de bois, souple, vivante, et ce mouvement était un peu vertigineux. Nous avions l'impression de nous tenir au mât. Il portait la nuit en drapeau. Parfois, je me croyais accroché à un métronome. La très légère oscillation battait la mesure du temps passé.

Nous redescendions à la corde,

nous faisions de courtes pauses sous les arcs-boutants et, au milieu de ce peuple de tarasques, de gargouilles et de créatures mêlé aux feuillages gothiques, nous nous demandions ce qu'un Parisien du XIIIe siècle pensait de ce vaisseau de pierre surnageant plus haut que tout autre édifice. Sans doute devait-il trouver le monument accordé à son époque. La nôtre jamais n'élèvera un monument pour l'âme. Tout juste peut-elle convoquer ses techniciens pour s'occuper des décombres.

Les âmes mortes. Je suis un mauvais chrétien mais je suis chrétien. Je fus éduqué dans l'amour du Christ, j'ai conservé une vénération pour la chrétienté mais contracté un scepticisme à l'encontre du christianisme, cette canalisation de la source évangélique. Pourtant, mes escalades étaient une prière. Dans les escarpements de Notre-Dame habillés de vide et bordés par la nuit, je n'étais jamais seul.

En gagnant la base de la flèche, nous passions sous les statues des apôtres. Le rétablissement était périlleux mais le visage de Viollet-le-Duc, qui s'était fort modestement représenté en apôtre avec sa règle d'architecte à la main et regardait sa flèche dans un déhanchement bizarre, nous rassurait un peu : il y avait d'autres hommes avec nous pour escalader la nuit.

Un jour, j'ai emmené là-haut l'alpiniste Chantal Mauduit. Elle partait le surlendemain pour l'Himalaya. Nous nous sommes encordés, et nous sommes montés vers les étoiles. Au sommet de la flèche, Chantal a accroché un petit fanion tibétain, seulement visible si l'on était informé de son emplacement. Elle a trouvé la mort, quelques jours après notre ascension, sur les pentes du Dhaulagiri népalais. Une autre fois, je suis monté avec un camarade, Tancrède Melet, artiste acrobate qui se jetait des falaises avec un parachute. Il voulait sauter de la tour nord et nous étions allés repérer le départ du vol. Il s'est tué lui aussi en chutant d'une montgolfière, quelques semaines plus tard. Et parfois, lorsque je passais au pied de la cathédrale sous les vertes coulées de lierre du square Jean-XXIII, je pensais à ces amis tombés.

Pour qui sonne le glas ? Puis le glas a sonné dans Paris. Je l'entendis de chez moi. C'était après l'attentat de

Charlie Hebdo, en janvier 2015. On se rendit compte que Dieu n'est pas rancunier. C'est le miracle chrétien (et c'est un miracle exclusivement chrétien). Un Ravachol sera toujours un enfant de Dieu et recevra les prières de ceux-là même dont il se moquait. Ailleurs, sous la recommandation d'autres textes, on l'égorgerait. Chacun fait ce qu'il peut avec la grandeur.

Je m'étais fracturé le crâne et le dos en tombant d'un toit. Pour ma rééducation physique, les médecins m'avaient recommandé de faire de l'exercice. Fidèle, je retournai à Notre-Dame. Cette fois par des chemins raisonnables, déjà tracés : les escaliers des tours. Toutes les semaines, je grimpais les marches. Les agents de sécurité m'accueillaient amicalement et je commençais l'ascension. Au début, ce fut l'épreuve, l'Himalaya du convalescent. Mais l'effort est un baume pour les corps fracassés. On se force, on se contraint, on s'oblige. La douleur recule, les marches défilent, le ciel se rapproche, tout devient facile. Plus je montais, moins les tours semblaient hautes. Et dans le lent mouvement de spirale de l'escalier (cette élévation de l'éternel retour), il me venait à l'esprit le souvenir de Quasimodo, ce cœur brave, insensible au vertige, candidat à l'amour. C'est aussi cela, le miracle de Notre-Dame : la chrétienté a le cœur large. Et son écrin accepta d'être la châsse d'un trésor littéraire écrit par un génie progressiste. La laïcité, elle, est plus triste. Elle refuse toute autre chose qu'elle-même.

En arrivant au sommet des tours, je sortais du boyau de l'escalier, et le jour explosait. Paris était là, gris, bleu, veine d'artères, bruissant, bourdonnant. Une ville est un tapis dont la cathédrale est la prière. Ce n'était jamais la même vision, selon l'humeur du ciel. La ville, comme les effeuilleuses, se changeait sans cesse. La cathédrale, elle, assurait sa garde, imperturbable. Mais pas infaillible.

Que signifie l'effondrement ? Y a-t-il le moindre enseignement à tirer d'un brasier ? Il est peut-être temps de se calmer. Trop d'empressement à faire table rase mène peut-être à ce genre de désastre. Et si l'effondrement de la flèche était la suite logique de ce que nous faisons subir à l'Histoire ? L'oubli, le ricanement, la certitude de nous-même, l'emballement, l'*hybris*, le fétichisme de l'avenir… et, un jour, les cendres.

Peut-être un peuple va-t-il se porter au chevet de sa reine ? Peut-être va-t-il se souvenir qu'il n'est pas né hier ? Mais peut-être rien ne changera-t-il et continuerons-nous à nous espionner les uns les autres, à nous haïr, à nous conspuer.

Alors, on se dira que la flèche a bien fait de se retirer.

Achevé d'imprimer
par l'Imprimerie Floch
en avril 2019.
Numéro d'imprimeur : 94372.

Imprimé en France.